SOMMARIO

Materiale (h. 20 cm):

• sfera plastica diam. 8 cm (art. 360-23) • struttura nevosa (art. K49-551) • 2 perline nere per occhi diam. 6 mm (art. 831-97) • carotina per naso (art. 5000-151) • feltro (bianco art. 530-02, rosso art. 530-18, verde art. 530-14) • 11x30 cm tessuto natalizio • bottone a cuore (art. 335200-457) • 30 cm nastro a quadretti • cuoricino a quadretti (art. 3918-65) • imbottitura (art. 799-05) • mouliné nero per bocca • fard, pennello, colla a caldo, filo grosso per cucire

Prendete le 2 metà della sfera di plastica e coloratele con la struttura nevosa tamponandole con il pennello. Fate asciugare e chiudete la sfera.

Riportate il cartamodello di testa e braccia sul feltro bianco messo doppio (1 volta la testa e 2 volte le braccia). Cucite, tagliate lasciando 3 mm di margine di taglio, rovesciate e imbottite. Prendete il rettangolo di 11x30 cm di tessuto natalizio, piegate a metà il lato di 30 cm, sovrapponete i due lati di 11 cm e cuciteli assieme formando un anello; in un lato di 30 cm fate un orlino (piegate 5 + 5 mm) e nell'altro lato preparate una filza. Arricciate il vestitino attorno al collo del pupazzo tirando i due capi del filo della filza e bloccateli con un doppio nodo.

Preparate il viso: incollate al centro la carota, cucite gli occhi, ricamate la bocca facendo 6 punto scritto con 2 fili di mouliné nero.

Prendete le braccia e chiudete la fessura con una goccia di colla a caldo; incollate le braccia ai lati. Tagliate un rettangolo di feltro rosso di 12x17 cm, cucite assieme i due lati da 12 cm, ad un'estremità fate un risvolto di 2/3 cm, infilatelo sulla testa e incollatelo; inserite un po' di imbottitura e chiudete arricciando con il nastrino a quadretti.

Per la sciarpa tagliate un rettangolo di 3,5x30 cm, con la forbice fate dei taglietti alle estremità per fare le frange. Annodatela attorno al collo e decorate incollando un cuoricino. Cucite in una mano il cuoricino a quadretti.

Pupazzi di neve sulla palla

Materiale (h. 25-30 cm):

• 25 cm feltro bianco (art. 250060-1) • feltro rigido panna per ali (art. 5302-03) • semisfera legno per viso diam. 3 cm (art. 8661-051) • 55 cm spago di yuta (art. 798-53) • 4 palline legno per mani diam. 1,2 cm (art. 866-151) • capelli oro (art. 602-26) • imbottitura (art. 799-05) • 15 cm pizzo • 17x10 cm tessuto ecru-oro per corpo • stellina in legno dorata • fard, pennello, colla a caldo, filo grosso per cucire

Prendete il cartamodello della stella o del pino e posizionatelo sul feltro bianco messo doppio. Ricalcate il contorno con la matita e cucite tutt'at-

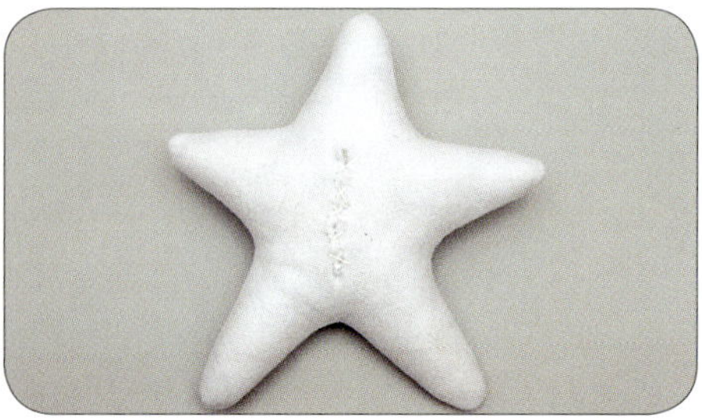

torno. Fatevi un segno dove c'è scritto alto perché la stella non ha le punte tutte uguali. Fate un taglio centrale verticale di circa 4-5 cm solo in un lato e girate la stella. Da questa fessura inserite l'ovatta cercando di infilarla bene nelle punte. Una volta imbottita la stella chiudete l'apertura con alcuni punti a mano.

Per il corpo tagliate un rettangolo di 17x10 cm, piegate a metà il lato da 17cm, sovrapponete i due lati da 10 cm e cuciteli assieme. Portate questa cucitura al centro e chiudete la base formando un sacchettino. Rovesciate

e imbottite con un po' di ovatta. Nella parte in alto rivoltate il bordo all'interno di 5 mm, fate una filza, arricciate e chiudete annodando i due capi del filo. Nella parte in basso incollate il pizzo. Dal feltro rigido panna tagliate le ali (una così com'è nel disegno e una a specchio). Con il nastro a quadretti formate un fiocco. Disegnate il viso con i pennarelli e colorate le guance con il fard. Per le braccia tagliate 25 cm di spago e per la gambe 30 cm, inserite le palline e fate i nodi per bloccarle.

Incollate le braccia e le gambe dietro sul sacchettino del corpo; incollate le ali sulla stella; incollate il corpo sulla stella; incollate la testa sopra al corpo; incollate i capelli sopra la testa; incollate il fiocco e la stellina al collo.

Stelle e Pino con Angioletti

Materiale (h. 10 cm):
• 20 cm tessuto fantasia natalizia piccola in rosso o ecru • 2 pezzi da 90 cm nastro 3 mm in due colori diversi • 3 perline oro diam. 8 mm (art. 819-08) • molletta in legno (art. 8640-001) • filo di cotone grosso in tinta • colla a caldo.

Utilizzate queste stelline come CHIUDIPACCO... renderanno davvero speciali i vostri Regali!

Tagliate il tessuto in: 5 quadrati di 8 x 8 cm; 5 quadrati di 6 x 6 cm; 5 quadrati di 4 x 4 cm.

Prendete il primo gruppo di quadrati da 8 cm, prendetene uno e piegatelo a metà nella diagonale e poi un'altra volta a metà sempre nella diagonale (è molto importante stirare bene ogni passaggio perchè rende piatto e stabile ogni petalo). Fate questo lavoro per tutti i quadrati da 8 cm.

Fate un punto filza alla base dei triangoli, sovrapponendoli uno all'altro circa a metà del lato, l'ultimo finisce sopra il primo, arricciare bene la filza e chiudere. Fate la stessa cosa per gli altri gruppi di quadrati: ogni gruppo deve formare un piccolo fiore.

Con i due nastrini formate dei fiocchi con più asole e bloccateli al centro con un punto.

Incollare i 3 fiori uno sull'altro dal più grande al più piccolo. Incollare al centro della stella le 3 perline oro.

Incollare dietro la stella il fiocco di nastri.

Incollare la stella di Natale finita sulla molletta.

Stelle di Natale

Materiale (h. 15 cm):
• 1 semisfera legno per testa diam. 4 cm (art. 8661-071) • 1 pallina legno per naso 6 mm (art. 831-98) • 20x25 cm feltro di lana • 1 campanella (art. 759-18) • 4 pezzi di nastri assortiti da 50 cm da h. 3 mm a 1 cm per il fiocco • 1 m di nastro h. 3 mm per appenderlo e per il fiocchetto del capelli • 60-70 cm filato Malibu marrone per i capelli (art. 108031-3) • colla liquida (art. 600-98) e glitter oro (art. 8490-12) • stella di corteccia (art. 5980-31) • pennarelli, fard e colla a caldo

Ritagliate le ali dal feltro di lana, incollate il glitter e lasciate asciugare. Incollate la stella di decorazione. Incollate al centro 70 cm di nastro di raso (con i 30 cm fate il fiocchetto della testa).

Con i 4 nastri assortiti formate un bel fiocco inserendo anche la campanella.

Decorate il viso, incollate il naso, i capelli e il fiocchetto. Per fare i capelli prendete il filato Malibu, avvolgetelo

attorno alle dita della mano e fissatelo al centro.

Incollate la testa sulle ali e incollate alla testa dietro il nastrino precedentemente incollato alle ali. Questo serve per dare stabilità alla testa.

Incollate sotto il fiocchetto di nastrini con la campanella.

Alì d'Angelo

Materiale (h. 50 cm):

• 1 pallina di legno diam. 4 cm per la testa (art. 866-401) • 1 pallina di legno diam. 1 cm per il naso (art. 866-101) • 35x40 cm feltro di lana per cappello, mani, braccia e scarpe • 20x110 cm tessuto di cotone per corpo, vestito e mutandoni • 12x110 tessuto di cotone in sintonia per gambe e maniche • 12x16 maglina per calzini • 110 cm corda animata per struttura corpo (art. 740-91) • 2 m filato di lana per i capelli • 1 campanello medio per il cappello (art. 759-15) e 2 campanelli piccoli per le scarpe (art. 759-11) • 1 m nastro di raso per il vestito h. 1 cm • 20 cm filo di ferro per occhiali • rafia naturale per la scopa (art. 5430-01) e bastoncino diam. 0,6 cm (art. 867-04) • filo di cotone grosso tipo per uncinetto n. 5 (art. 162225-120) • pennarelli, fard e colla a caldo

Ritagliate dal feltro il cappello lasciando 1 cm di margine di taglio dove serve. Cucire, rovesciare e incollare il campanello in cima. Decorare il viso e incollare il naso. Per fare gli occhiali inserite l'inizio del filo di ferro nel foro del naso, fate un'asola, ripassate nel foro del naso e fate un'altra asola; fissate con un po' di colla a caldo. Per i capelli prendete il filato di lana, formate una serie di otto e fissate al centro; incollate alla testa lasciando libero il foro.

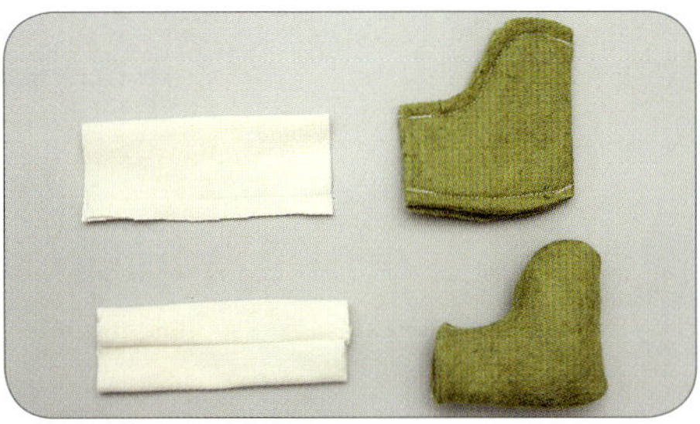

Sempre dal feltro tagliate le scarpe, cucite, rovesciate e imbottite per bene fino alla caviglia (la parte sopra resta vuota). Dalla maglina tagliate e cucite i calzini in 2 pezzi di 8x12 cm.

Tagliate la corda animata: 1 pz di 60 cm per corpo-gamba; 1 pz di 25 per la gamba; 2 pz di 10 cm per le braccia.
Preparate le braccia incollando le parti di feltro alle estremità (ricordatevi di ritagliare le mani una volta a specchio). Per le maniche ritagliate 2 rettangoli di 12x18 cm, prendetene uno, cucite assieme i due lati da 18 cm, portate la cucitura centrale, arrotondate la parte in alto e cucitela; nella parte in basso fate un risvolto di 1,5 cm e fate una filza. Infilate la manica nel braccio e fissatela con un punto croce grande.

Prendete ora la corda animata del corpo-gamba di 60 cm e la gamba di 25 cm e assemblatele assieme con del nastro

Streghetta

adesivo (il corpo resta così lungo perché poi entrerà nella testa e nel cappello fino alla punta per poterlo poi sagomare!). Rivestite ora le gambe con 2 pz di tessuto da 12x35 cm: prendete un rettangolo piegate in tre parti il lato corto e fissate la piega con la colla a caldo; rivestite la gamba avvolgendo il tubolare attorno alla corda animata: incollate con la colla a caldo e spingete il tessuto verso l'alto arricciando un po' la stoffa.

Per il corpo tagliate un pezzo di tessuto di 16x12 cm, formate un tubolare cucendo assieme i lati da 16 cm. Fate un punto filza sotto, infilatelo e arricciate. Inserite un po' di imbottitura; nella parte in alto rivoltate il tessuto di 5 mm, fate una filza e arricciate con un fiocchetto davanti.

Per fare i mutandoni tagliate un rettangolo di 20x40 cm, formate un tubolare cucendo i due lati da 20 cm, portate la cucitura centrale e tagliate sotto un triangolo di tessuto di 5 cm di base e 10 cm di altezza; cucite e rovesciate. Fate un risvolto di 2 cm circa alle gambe e preparate la filza.

Nella parte in alto rivoltate di 5 mm e fate la filza. Infilate i mutandoni e arricciate le filze.

Preparate la gonna tagliando un rettangolo di 20x50 cm; formate un tubolare cucendo i due lati da 20: fate un orlo sotto e sopra rivoltate il tessuto di 2 cm circa e fate una filza a 1,5 cm dal bordo. Infilate la gonna, arricciate la filza e rifinite con il nastro di raso.

Inserite i calzini nelle gambe rovesci, incollate le scarpe, incollare i calzini alle scarpe e ripiegateli a metà incollando ancora il bordo sulla scarpe (così non si vede il rovescio). Rifinite con le "stringhe" e il sonaglio.

Incollate le braccia ai lati del corpo e piegate i gomiti.

Infilate la testa nella corda animata e fissatela al corpo con la colla a caldo.

Mettete il cappello facendo entrare la corda animata fino alla punta e incollatelo alla testa. Con un nastrino o del filo grosso arricciare il cappello appena sopra alla testa. Avvitare la punta. Preparate la scopa e incollatela alla streghetta.

Materiale (h. 30 cm):
• ghirlanda in vimini scura diam. 30 cm (art. 544-16) • 10 cm tessuto ecru per viso Babbo Natale • 15 cm tessuto natalizio rosso per Babbo Natale • feltro morbido bianco (art. 530-02) beige (art 530-03) marrone (art. 530-04) • feltro rigido giallo (art. 5302-06) avorio (art. 5302-03) • 2 semisfere in legno per nasi diam. 10 mm (art. 8661-011) • 4 perline nere per occhi diam. 6 mm (art. 831-97) • filato Lolita per barba (art. 108025-2) • 4-5 rametti di pino (art. 485-31) • bastoncini per steccato (art. 864-05) • pennarelli, filo grosso, fard e colla a caldo

Riportate il cartamodello del Babbo Natale sul tessuto natalizio rosso messo doppio, diritto contro diritto; mettete sotto al tessuto un foglio di ovatta e cucite tutt'attorno lasciando aperta la fessura sotto. Rovesciate e chiudete la fessura con la colla a caldo. Tagliate il viso di Babbo Natale e incollatelo sul corpo; cucite gli occhi e incollate il naso; colorate le guance con un po' di fard. Tagliate il bordo del cappello dal feltro bianco e incollatelo. Cucite, imbottite gli scarponi e incollateli sulla base del corpo. Per fare la barba prendete un cartoncino di 7x15 cm, avvolgete la lana attorno per circa 10 cm, fate una cucitura diritta con la macchina da cucire a 5 mm dal bordo,

strappate il cartoncino e toglietelo così vi resteranno gli anelli della barba tutti cuciti. Incollate la barba attorno al viso. Cucite un sonaglio sulla punta del berretto. Fate la stessa cosa con la renna usando il feltro beige. Tagliate le corna dal feltro rigido avorio e le orecchie dal feltro morbido beige. Colorate il naso con il pennarello rosso; cucite gli occhi e incollate il naso. Incollate le orecchie e le corna; decorate con un fiocchetto e una stellina rossa.

Preparate lo steccato incollando i bastoncini. Incollate lo steccato alla coroncina. Incollate i due personaggi sopra lo steccato e sistemate ai lati alcuni rametti di pino. Dal feltro giallo tagliate 3 stelle e incollatele in alto.

Coroncina con Babbo Natale e Renna

Materiale (h. 25-30 cm):

• 2 palline legno diam. 4,5 cm per la testa (art. 866-451) • per naso 1 pallina legno diam. 1 cm (art. 866-101) e 1 pallina legno diam. 6 mm (art. 831-98) • 1 m filato Malibù marrone per capelli (art. 108031-3) • 1,5 m filato lolita bianco per barba e pompon (art. 108025-1) • 30 gr filato Flamenco per berretti (bianco art. 108040-1, rosso art. 108040-5) • ferri da maglia n. 7-7,5 • 1 m nastro oro sottile per fiocchi (art. 7300-03) • 2 sonagli oro per berretti (art. 759-15) • 1 m filo di alluminio oro (art. 6011-15) • 20x60 cm tessuto ecru per pannello • pennarello glitter per scritta (art. K498-47) • 1 m cordoncino oro (art. 754-94) • 3 bottoni cuore (art. 335200-80)

Berretti: con il filato Flamenco avviare 14-16 maglie con i ferri n. 7-7,5 e lavorate per 14-16 giri. Chiudete le maglie. Piegate il rettangolo a metà nel lato corto, sovrapponete i due lati lunghi e chiudete con una cucitura a mano. Arricciate un'estremità e fate un risvolto nell'altra. Sul berretto bianco fate un fiocchetto con il nastrino oro inserendovi un sonaglio. Sul berretto rosso fate un piccolo ciuffetto con il filato Lolita e incollatelo assieme al sonaglio. Decorate i visi: per Babbo Natale usate il naso più grande, con il filato lolita formate un piccolo ciuffo e incollatelo come barba. Per il folletto formate un ciuffetto con il filato Malibu marrone e incollatelo sopra la testa per i capelli. Incollate i berretti sulla testa e dei fiocchi voluminosi sotto al collo. Dal feltro rigido rosso ed ecru ritagliate le manopole. Ritagliate un cartoncino di 15x25 cm; ritagliate 2 rettangoli di tessuto panna di 18x28 cm, metteteli diritto contro diritto e cucirli assieme nei 3 lati formando una tasca. Rivoltate la tasca e inserite il cartoncino; chiudete il lato aperto con la colla a caldo stando ben vicino al bordo. Con la perforatrice fate due fori in alto vicino agli angoli (per poi inserire il filo di ferro). Con il filo di ferro formate una serie di asole (partendo dal centro) utilizzando un bastoncino di 1,5 cm di diametro, dopo 10-15 cm circa passate attraverso i berretti dei due personaggi, uno per parte. Proseguite ancora con alcune asole poi agganciatevi ai fori del pannello. Bloccate i due personaggi con la colla a caldo in alto sul pannello. Incollate le manopole. Decorate il contorno del pannello con il cordoncino oro ed i bottoni. Con il pennarello glitterato disegnare la scritta.

Auguri con Babbo Natale

Materiale (h. 30-35 cm):

• feltro in lana gradazioni di verde (art. 745000-1 verde oliva - art. 745000-23 verde muschio - art. 745000-44 verde militare) • feltro sintetico panna rigido per stellina (art. 5301-03) • pallina in polistirolo diam. 5 cm (art. 380801-05) • bastoncini in legno (art. 867-05) • muschio sintetico (art. 583-29) • vasetti (art. C6824-50) • nastrino • colla a caldo

Prendete i cartamodelli dell'albero e ricalcateli sul feltro di lana. Il margine di taglio è già compreso, quindi tagliate al bordo.

Cucite assieme i lati a circa 5 mm dal bordo; anche se sembra molto grosso si riesce a cucire bene con la macchina da cucire.

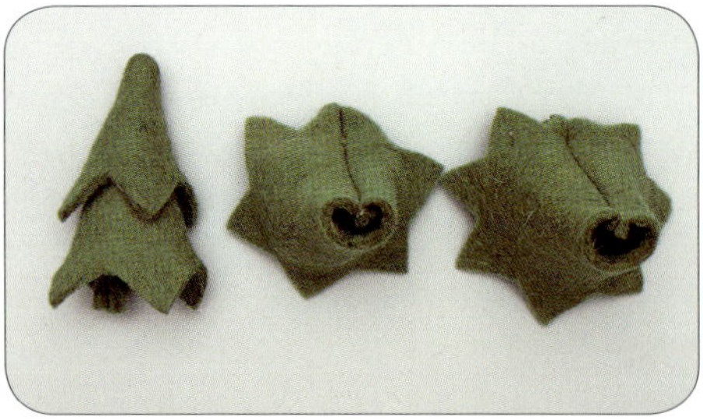

Rovesciate ogni parte lasciando così la cucitura interna e incollate le quattro parti partendo dalla cima.

Tagliate la stella dal feltro rigido panna e incollatela sulla punta del pino.

Incollate il bastoncino all'albero e infilatelo nella pallina di polisitirolo (il diametro della pallina varia a seconda del vasetto utilizzato).

Infilate la pallina nel vaso e riempite con il muschio sintetico. In questo caso avendo un vaso quadrato dovete infilare il muschio nei quattro angoli per dare stabilità all'albero. Decorate a vostro piacere con nastrini.

Boschetto di Alberelli

Tutti per mano

Materiale (h. 30-35 cm):
• 6 fogli di feltro rosso (art. 530-18) • feltro rigido bianco (art. 5301-02) • feltro rigido marrone chiaro (art. 5301-05) • 10 cm tessuto ecru per il viso • 3 semisfere per il naso (art. 8661-031) • 6 stelline oro • filo ricamo oro (art. • 3 m nastrino a quadretti bianco e rosso (art. 639-68) • 2 ghirlandine in vimini diam. 6 cm (art. 544-01) • 3 sonagli diam. 3,5 cm (art. 759-21) • colla a caldo • pennarello nero e fard

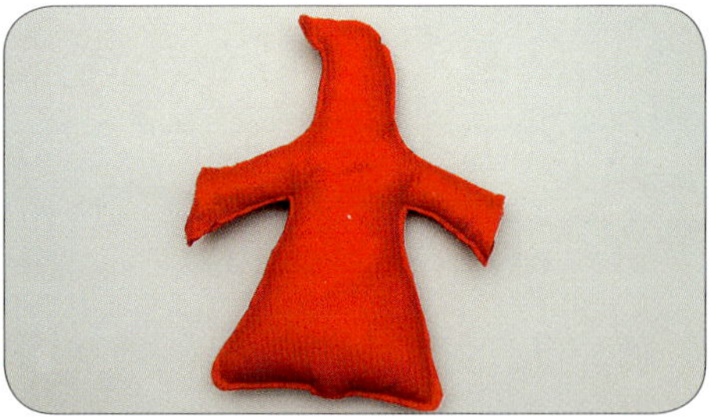

Posizionate il cartamodello del corpo su due fogli di feltro rosso, ricalcate la sagoma con la matita e tagliate a filo (senza lasciare il margine di taglio). Cucite lasciando 3 mm di spazio dal bordo e lasciate aperte le 2 maniche e il foro sottostante. Imbottite con l'ovatta.

Dal tessuto ecru tagliate un rettangolo di 4x5 cm, decorate il viso con i pennarelli e fard; incollate al corpo.

Dal feltro rigido bianco tagliate la barba, i baffi, 2 bordi per maniche e 1 bordo per il vestito. Dal feltro rigido marrone tagliate 2 manopole (1 a specchio) e 1 bordo per il cappello. Prendete la barba e con il filo oro fate un'impuntura tutt'attorno. Incollate la barba sopra al viso, i baffi sopra la barba e il naso sopra i baffi. Incollate 2 stelline oro sulla barba. Prendete 60 cm di nastro a quadretti, piegatelo a metà, infilate la piega della metà nel foro sotto e cucitela chiudendo nello stesso tempo il foro. Infilate il sonaglio. Annodate assieme i due capi del nastro a 6/7 cm dal corpo e rifinite con un fiocchetto.

Incollate le manopole, i bordi manica, il bordo del vestito e il bordo del cappello. Fate un piccolo pompon con del filato bianco e incollatelo sul cappello.

Decorate due ghirlandine con il nastro a quadretti e incollatele alle mani dei Babbi Natale.

Materiale Gufo Piccolo (h. 15 cm):

• 20x20 cm tessuto base rossa • 10x15 cm tessuto base avorio • feltro rosso (art. 530-18) • feltro bianco (art. 530-02) • imbottitura (art. 799-05) • 1 m cordoncino yuta (art. 798-53) • 2 perline nere per occhi diam. 6 mm (art. 831-97) • filo grosso di cotone • colla a caldo

Riportate il cartamodello del corpo del gufetto sul tessuto rosso e tagliatelo lasciando 5 mm di margine di taglio. Fate la stessa cosa con il modello della pancia. Cucite ora la pancia sul corpo facendo combaciare A con A e B con B sia in un lato che nell'altro. Fate poi la cucitura da B a C.

Rovesciate e imbottite solo il corpo: non imbottite la punta. Rivoltate il bordo di 5 mm, fate una filza, chiudete arricciando e annodando i due capi del filo.

Tagliate 4 pezzi di cordoncino di yuta di circa 10-12 cm, srotolateli e incollateli come nella foto.

Piegate in avanti la punta e fissatela con una goccia di colla a caldo.

Tagliate dal feltro rosso e bianco i cerchi degli occhi e incollateli uno sull'altro. Formate le zampette con il cordoncino di yuta: fate 4 giri attorno al vostro dito e bloccate con la colla a caldo. Incollate occhi e zampette sul corpo.

Gufetti Portafortuna

Materiale Gufo Grande (h. 25 cm):

• 40x40 cm tessuto base rossa • 20x20 cm tessuto base avorio • 15x60 cm tessuto base rossa per rivestimento scritta • feltro rosso (art. 530-18) • feltro bianco (art. 530-02) • imbottitura (art. 799-05) • 2 m cordoncino yuta (art. 798-53) • 2 bottoni neri per occhi diam. 1,3-1,5 cm • 60 cm lino ricamo (art. 259839) • 1,5 m nastrino di raso h. 1 cm • 1 sonaglio (art. 759-19) • filo grosso di cotone • colla a caldo • ramo

Per realizzare il Gufo grande aumentate il cartamodello al 200%.

	DMC *Profilo*
(ecru)	ecru 410
(blanc)	blanc 408
(310)	310 447
(414)	414 441
(304)	304 19
(435)	435 395
(801)	801 398
(988)	988 228
—	310 447

AUGURI

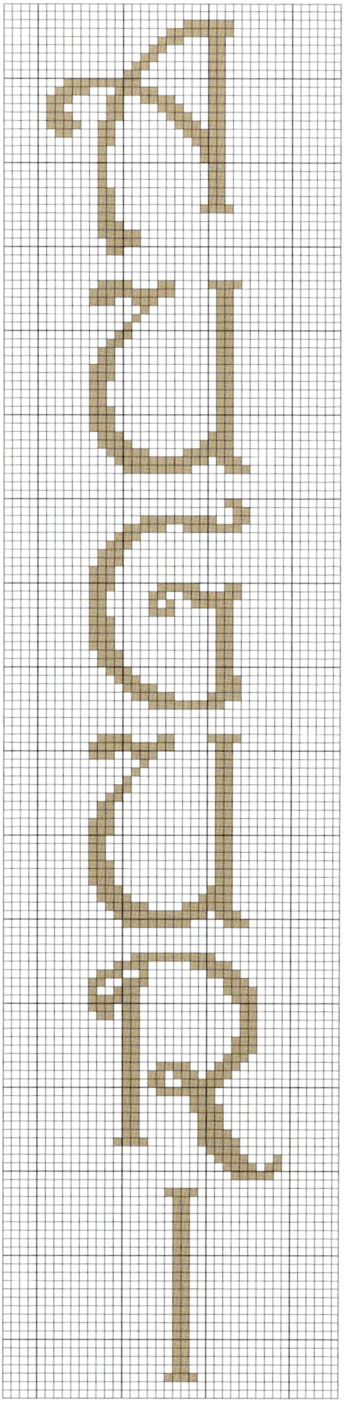
AUGURI

Materiale (h. 18 cm):
• 10x15 cm feltro sintetico rigido in 2 colori diversi (art. 5301-...) • 10x25 cm di feltro morbido in sintonia (art. 530-...) • 1 scovolino bianco (art. 744-00) • 1 semisfera legno diam. 2,5 cm (art. 8661-041) • capelli (art. 7480-101) • 20 cm nastro raso bianco 3 mm (art. 380901-401) • pompon bianchi (art. C1301-00) • fiocchi di neve (art. 8065-201) • fard, pennarelli e colla a caldo

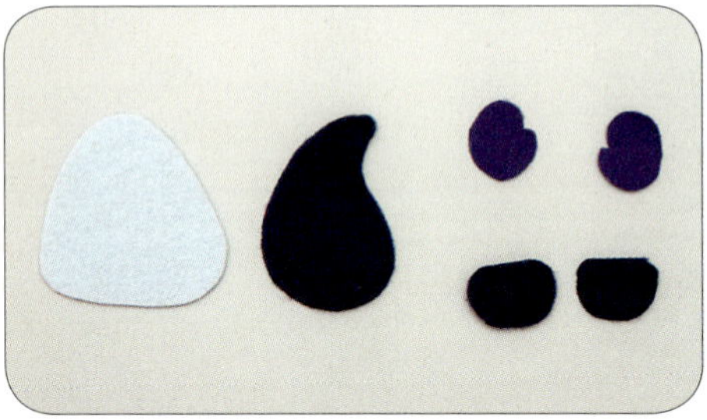

Riportate i cartamodelli sul feltro così come sono disegnati e poi ripeteteli a specchio. Sul feltro rigido (blu) riportate il cartamodello di cappello e scarpe; sul feltro rigido (azzurro) riportate il cartamodello del corpo; sul feltro morbido (bluette) riportate il modello delle manopole.

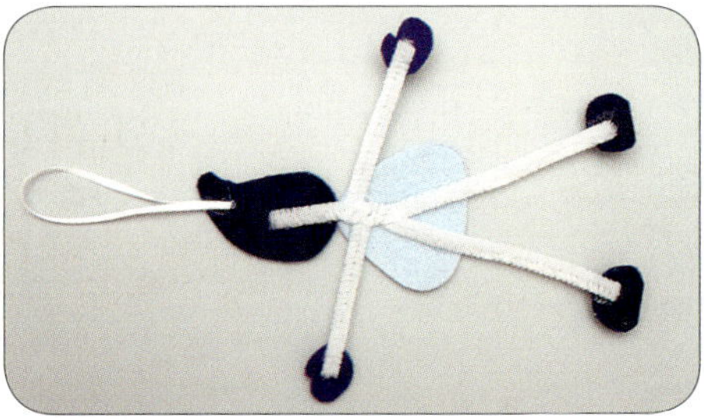

Tagliate lo scovolino in 3 pezzi da 15 cm e formate il corpo così come nella foto. Incollate lo scovolino alle parti di feltro. Incollate il nastrino di raso.

Incollate sopra le parti di feltro che avete tagliato a specchio.

Decorate il viso, preparate i capelli e tagliate un rettangolo dal feltro morbido (bluette) di 25x2,5 cm per la sciarpa (fate dei taglietti alle estremità per formare le frange).

Incollate la testa, sopra i capelli e avvolgete la sciarpa attorno al collo. Fissate con una goccia di colla a caldo.

Incollate i pompon e i fiocchi di neve.

Folletti allegretti

Materiale (h. 12-13 cm):

• 2 colori di feltro rigido (art. 5301...) • 1 confezione di stelline in legno assortite (art. 8600-431) • pic tixx glitter (art. K498-47) • 1 pallina in legno per la testa diam. 2,5 cm (art. 866-251) • 2 palline in legno per la mani diam. 1 cm (art. 866-101) • filato Malibu per capelli (art. 108031-2) • candele • fard e colla a caldo

Prima di iniziare preparate decorate le stelline di legno con il glitter e lasciatele asciugare. La base dell'angioletto e del portacandele è la stessa. Tagliate le basi una chiara e una scura e incollatele una sull'altra. Rifinite con le stelline in legno.

Decorate il viso dell'angelo; tagliate la lana in piccoli pezzi da 1 cm e incollateli alla testa formando i capelli. Tagliate le varie parti dell'angelo e incollatele sormontando i lati formando dei coni. Sul vestito incollate le stelline e sulle maniche incollate le manine. Incollate sulle ali la stella.

Incollate il corpo sulla base e assemblate la testa, le braccia e le ali.

Per il portacandela tagliate la stessa base dell'angioletto. Tagliate la stella a 5 punte, fate i tagli dove è segnato e incollate sormontando il bordo. Fissatela sulla base.

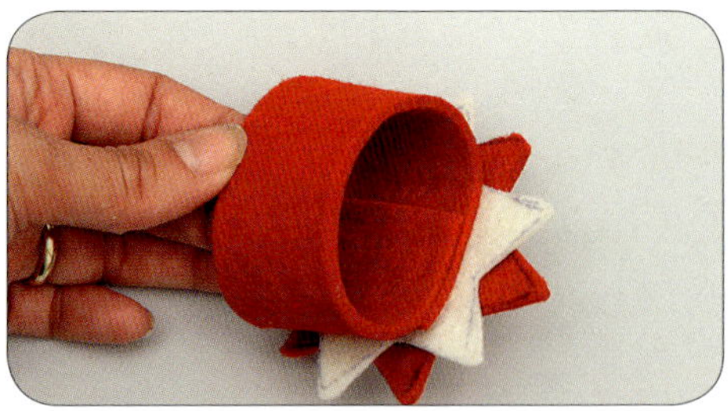

Per il portatovaglioli tagliate e incollate le due stelle una sull'altra. Tagliate un striscia di 3,5x17 cm, chiudetela ad anello sormontando di circa 2 cm i due lati da 3,5 cm. Incollate la stella sulla chiusura e decorate con una stellina glitterata.

Materiale (h. 50 cm):

• feltro di lana rosso 50x70 cm (art. 745000-25) • 1,2 m filo di feltro panna diam. 3 mm (art. 745008-26) • 1,5 m nastro animato h. 2,5 cm panna-oro (S41225-103) • 1 sonaglio diam. 3,5 cm oro (art. 759-21) • 40 cm nastro ricamo Aida ecru-stelline oro (art. 253201-190) • 2 cuoricini a quadretti bianco-rosso (art. 3918-65) • decorazioni in legno oro • anello in legno per appendere • colla a caldo

Prendete il feltro rosso e tagliate 2 strisce di 12,5 x 70 cm. Unitele assieme nei due lati da 12,5 (risulta 1,40 x 12,5). Tagliate a punta le estremità.

Incrociate le code come nella foto cercando di far combaciare le punte.

Risulta più facile se vi segnate la metà della striscia con uno spillino. Prendete un anello in legno tipo quello delle tende e inseritelo nel filo di feltro ecru portandolo al centro. Mettete il filo di feltro sotto alla striscia e annodatelo arricciando così il fiocco di feltro. L'anellino resta sul retro per poterlo appendere. Con il nastro natalizio panna e oro formate una coccarda con più anelli e fissatela nel filo di feltro facendo un nodo; inserite il sonaglio e fate un altro fiocco. Ricamate il nastro di Aida e cucitelo sulle code. Rifinite a vostro piacere con le decorazioni natalizie.

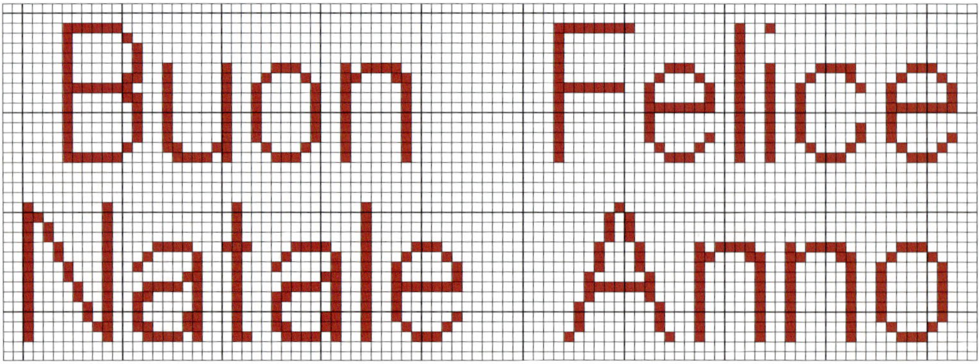

Fiocco di Natale

Materiale (12 cm):

• 13 cm tessuto natalizio • 1 sfera legno 3 cm (art. 866-301) • 30 cm pizzo h. 3/4 cm • feltro rigido ecru per i piedi (art. 5302-03) • 40 cm nastro rete oro per ali (art. 611-66) • 25 cm cordone oro diam. 6 mm (art. 752-30) • capelli oro (art. 602-26)

Tagliate un rettangolo di tessuto natalizio da 13x25 cm. Sovrapponete i due lati da 13 cm e cuciteli assieme formando un tubo.

Rovesciate e rivoltate i bordi di 1 cm verso l'interno; in un lato fate una filza e chiudete annodando i fili, nella parte opposta fate la filza, inserite un pugno di ovatta e chiudete con un doppio nodo.

Dal feltro rigido panna tagliate il cartamodello dei piedini e incollatelo al corpo.

Tagliate 25 cm di cordone oro, fate un nodo al centro e unite le due estremità con del nastro adesivo formando così le braccia. Incollatele al corpo.

Tagliate 30 cm di pizzo, fate un filza, arricciate annodando i due capi del filo e incollate sopra alle braccia con una goccia di colla a caldo.

Decorate il viso e incollate la sfera sul pizzo.

Incollate i capelli alla testa e un fiocco per le ali dietro.

Angioletti sul cuoricino

Materiale (h. 5-12 cm):

• 2 colori di feltro rigido (art. 5301-...) • filo di ferro argento (art. 601-67) o oro (art. 601-57) • decorazioni miste • campanelli argento (art. 759-51) o oro (art. 759-15) • colla a caldo

Disegnate e ritagliate le varie formine, le più grandi (esterne) sul feltro chiaro e le più piccole (interne) sul feltro scuro.
Incollate le formine l'una sull'altra e rifinite applicando le decorazioni natalizie.
Fate dei piccoli fori uno in alto e uno in basso per poi agganciare il filo di ferro di collegamento.
Tagliate il filo di ferro in pezzi di misura diversa compresa tra i 20 e 50 cm circa, avvolgeteli attorno ad un bastoncino o ad una penna del diametro di circa 1 cm.
Agganciate le spirali alle formine creando delle molle della lunghezza desiderata.
Nella parte in altro formate un uncino per appendere e in fondo rifinite con un campanello.

Decorazioni per finestra

Materiale (h. 10-15 cm):

• feltro rosso per cappello (art. 530-18) • 1 sfera in legno diam. 3 cm (art. 866-301) • pigne assortite (art. 5980-44) • cordoncino di yuta per capelli (art. 798-53) • ovatta per imbottitura (art. 799-05) • 1 sonaglio (art. 759-11) • nastrino di raso 3 mm rosso • bottoncino di legno • colla a caldo, fard, pennarelli

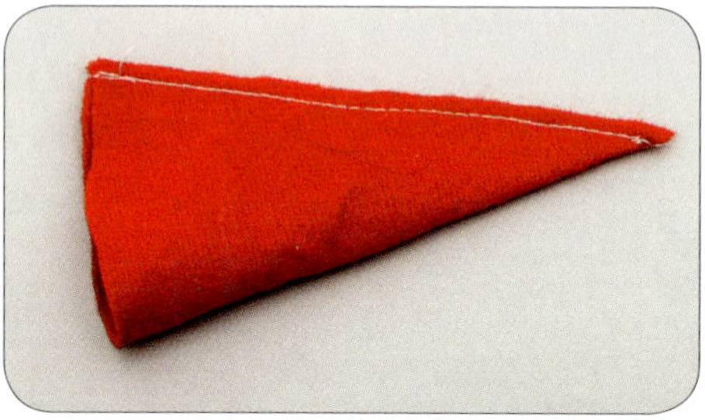

Riportate il cartamodello del cappello sul feltro e tagliate lasciando 0,5 cm di margine tutt'attorno. Sovrapponete i due lati e cucite. Rovesciate e spingete delicatamente la punta aiutandovi con una forbice.

Decorate la testina con i pennarelli e il fard. Tagliate 6 pezzi di cordoncino di yuta da 20 cm circa e incollateli sulla sommità della testa.

Incollate la testa sulla pigna.

Inserite un po' di ovatta nel cappello (solo all'inizio, non nella punta) e incollatelo sulla testa. Fate fare una piega al cappello e fissatela con una goccia di colla a caldo. Pareggiate i capelli; rifinite con fiocchetto e bottoncino. Cucite il sonaglio e infilate un pezzo di filo di nylon nel cappello per appenderlo.

Albero con gnometti

Materiale (h. 15 cm):
• 10 cm tessuto natalizio rosso • 15 cm tessuto natalizio verde • semisfera legno 3 cm (art. 8661-051) • 30 cm pizzo h. 4/5 cm • capelli oro (art. 602-26) • feltro rigido rosso (art. 5302-18) • feltro rigido verde (art. 5302-12) • colla a caldo, pennarelli e fard

Decorate la semisfera di legno come nella foto.

Dal tessuto rosso tagliate 5 quadrati di 10x10 cm. Prendetene uno, piegatelo a metà nella diagonale e poi ancora a metà.

Fate una filza, arricciate e chiudete. Preparatene 5 in tutto. Dal tessuto verde tagliate 3 quadrati di 15x15 cm e fate lo stesso lavoro precedentemente descritto.

Dal feltro rigido rosso ritagliate un cerchio di 7 cm di diametro e incollatevi attorno i 5 petali rossi. Fate la stessa cosa con i petali verdi.

Prendete 30 cm di pizzo, fate una filza e arricciate completamente chiudendo con un doppio nodo. Incollate il pizzo sopra ai petali rossi e incollate la testa sopra al pizzo.

Incollate il fiore rosso sui petali verdi e fissate i capelli alla testa. Decorate con fiocchetto e cucite il nome con alcuni punti a mano (potete usare la carta di riso art. 977-01).

Fatine del Natale Segnaposto

Natale con i cuori

Materiale (h. 20 cm):

- *30x40 cm tessuto rosso tinta unita*
- *22x30 cm tessuto con renne*
- *30x30 ovatta in foglio*
- *1 m nastro di raso h. 5 mm bianco*
- *1 m nastro di raso h. 3 mm rosso*
- *1 campanello*
- *1 stellina in corteccia*

Disegnate la forma del cuore grande sul rovescio del tessuto messo doppio, diritto contro diritto. Mettete uno strato di imbottitura sotto al tessuto e fissate con gli spilli. Fate una cucitura tutt'attorno. Tagliate il tessuto lasciando 5 mm di margine dalla cucitura. Per rivoltare fate un taglio verticale di 5-6 cm solo in un lato del tessuto. Fate lo stesso procedimento con il tessuto stampato centrando bene la renna. Stirate bene i due cuori, sovrapponeteli uno all'altro, mettendo i tagli all'interno. Incollate con la colla a caldo. Decorate con fiocchetti di raso e sonaglio.